# BiG CONSTRUCTION TRUCKS ACTIVITY BOOK

# FOR KiDS AGES 3-8

# This Book Belongs
## to

- - - - - - - - - -

```
T H M I R C B G R A T I Q R B K
F B Y N W S G R P M O G C Y M O
J A K F H S W A D B N B Y A F P
D L H R Z R X Q N I A S S K F P
S C N A H F E N S G D B V W R T
M O F S I S S U G L H T J O F Y
C N A T I G O B V Y U T J R U U
S Y Z R P H D W U W S E Q L Q S
U X D U H A V V W I C C U C I H
I T K C M F L W M T L H W W V U
E R U T C U R T S K J D E R I V
H I F U O L R Z M H Q I I U B Y
U S F R B A F E N J F T A N T N
P Q E E K Z X Y J X O A A E G Y
J S O R N F A B R I C A T I O N
K A N C E Q V P Q F X B I G X A
```

**BUILDING**
**INFRASTRUCTURE**
**STRUCTURE**
**PROJECT**
**BALCONY**
**FABRICATION**
**HOUSING**

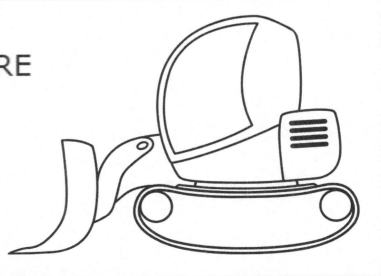

# Match the numbers

2

3

4

1

6

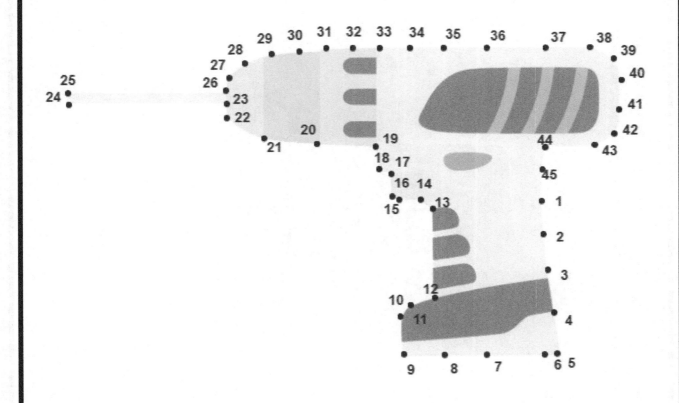

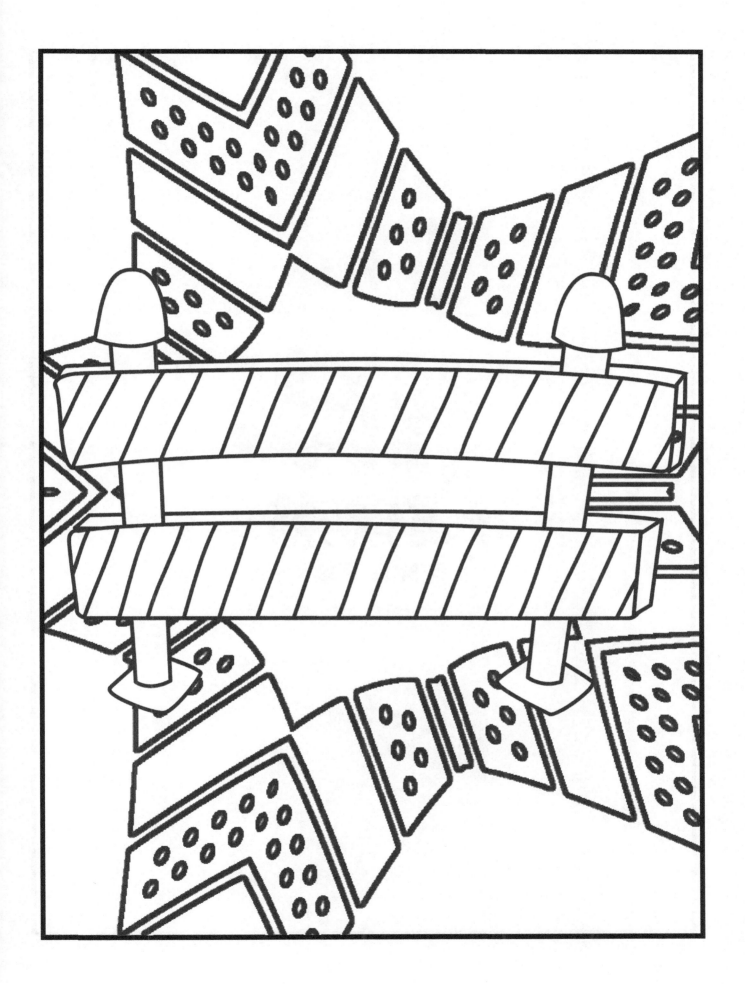

```
J R X S R S L M Z S N V V Q C G
Y B E B R M Q S Y U T Z K L R H
A U Q D O E T M T L M V B G X C
S A M J E P N C S J H V I O Q T
U N I D U V P O U V H M I C Q
E F C E Y C E D V R J E X W E S
X L L O H L L A A T B M O E U
X R V P M I X S O F T S K J A A
I R N X U V B L J P U I N W J S
H G K B B H R C N Z M O O O D U
U Q P K B L I O Q A P E H N C A
E W K H U G D M T O K Y N R L V
N Y W F A K G P D C C X N T K A
Z X O A Q B E L M X V G R G H V
L R C F X U V E B U I L D E R S
G D H G J K E X R S E H V R H R
```

RENOVATION
BUILD
COMPLEX
BUILDERS
REDEVELOPMENT
CONSTRUCT
BRIDGE

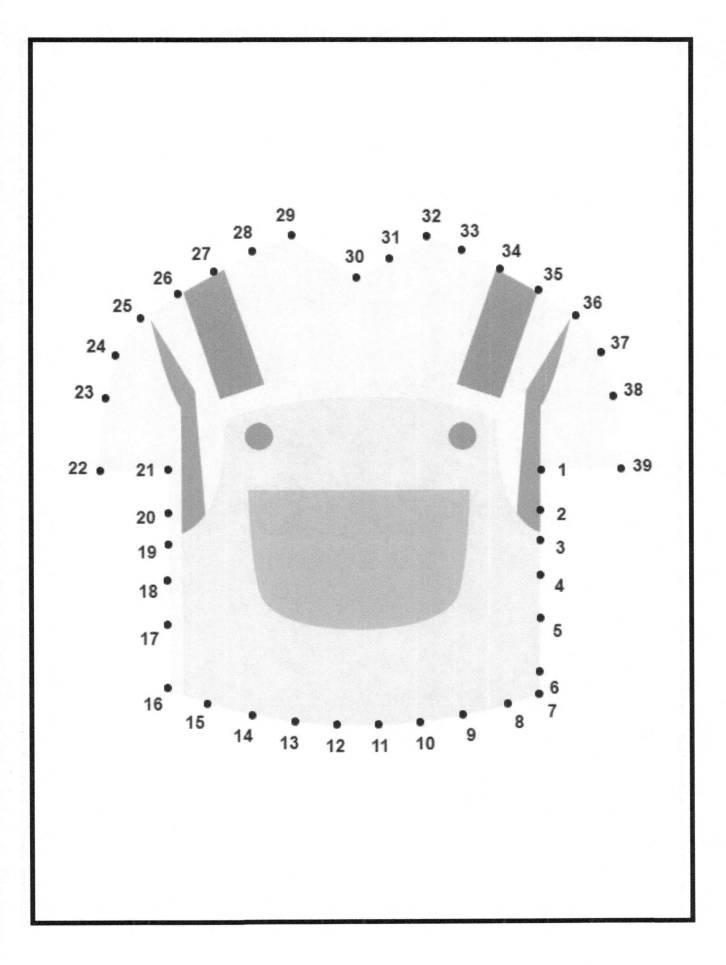

# Which image is the odd one out?

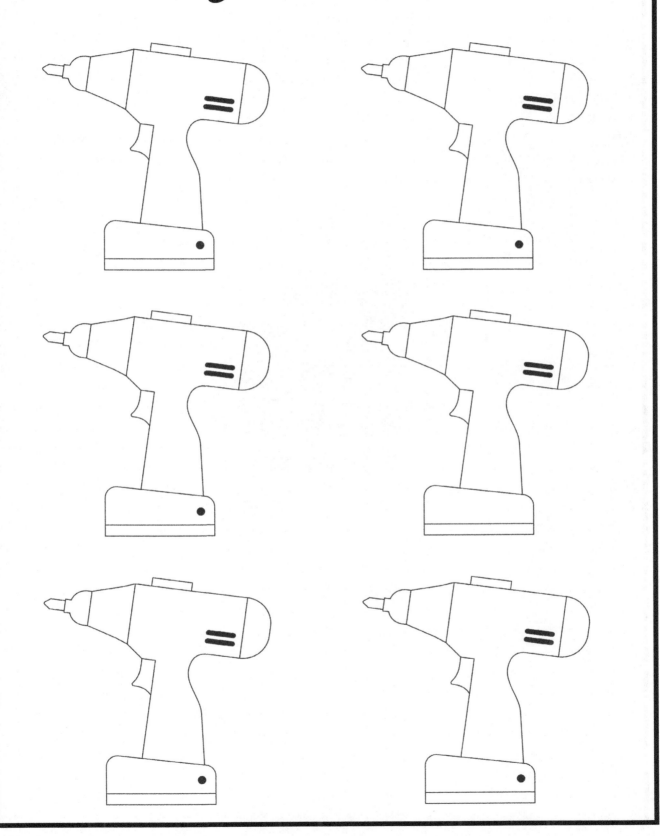

# ISPY

## How many do you see?

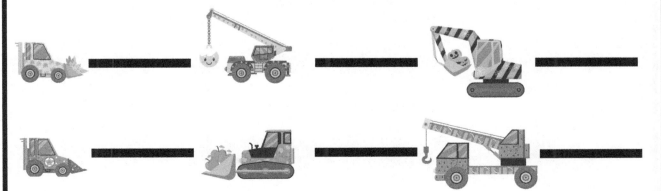

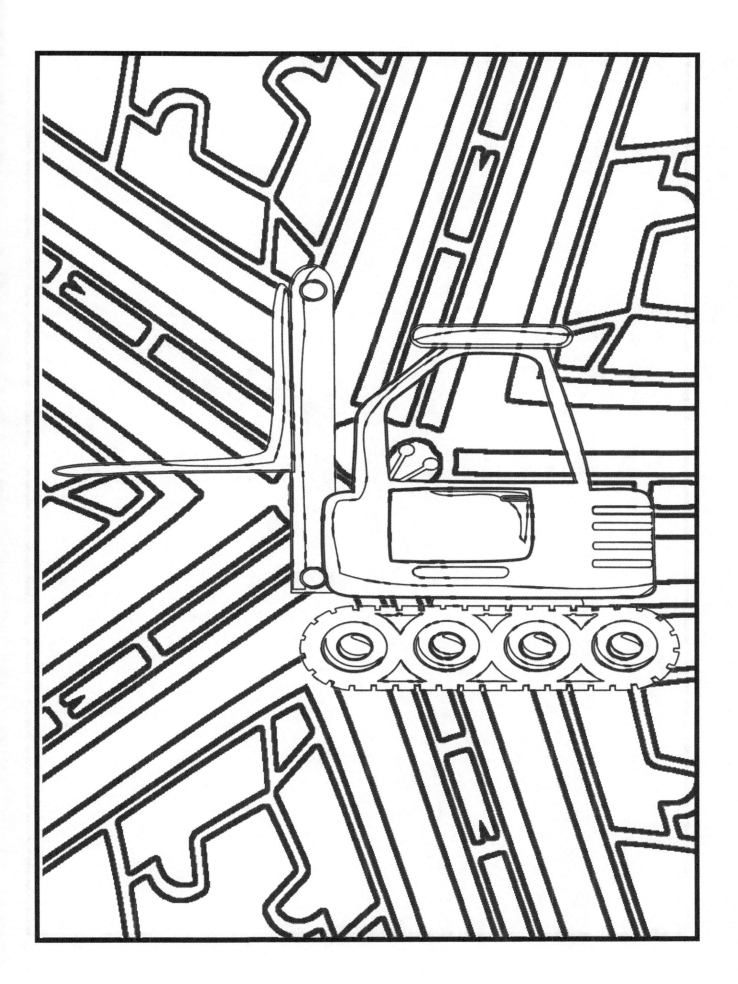

```
F T X I K P W I X C A V D A T U
I G N I N N A L P C P V K Y Z U
S C I B G I F M K C R E Z Q Z F
R G W W U V N Y J D V M H M O O
I N K J V R V L D M Z D N N X E
A W S N N Z J E F Q L S T P T N
P M E H I Y T C E T I H C R A U
E K R O O F I N G O B X R O B F
R O T N E M P O L E V E D D H J
X R Q R A S E N O D N J T L N R
K H D G I N L S E Z H O B V C M
I G C C P Z X S J Q L E X T Y Q
R O A D C O N S T R U C T I O N
J Z W Q H O Z J V H L X W W V W
Z H L C G P L H E P P T Y W H W
L O C M J M Y R E N I H C A M N
```

ROOFING
ARCHITECT
ROAD CONSTRUCTION
PLANNING
REPAIRS
DEVELOPMENT
MACHINERY

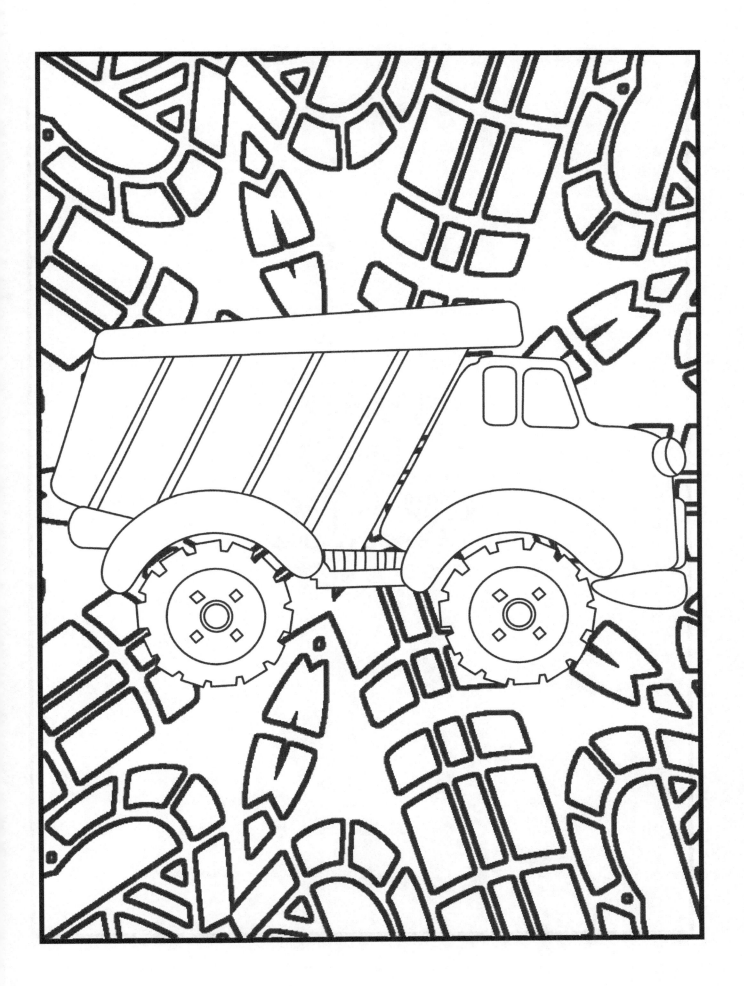

# Which image is the odd one out?

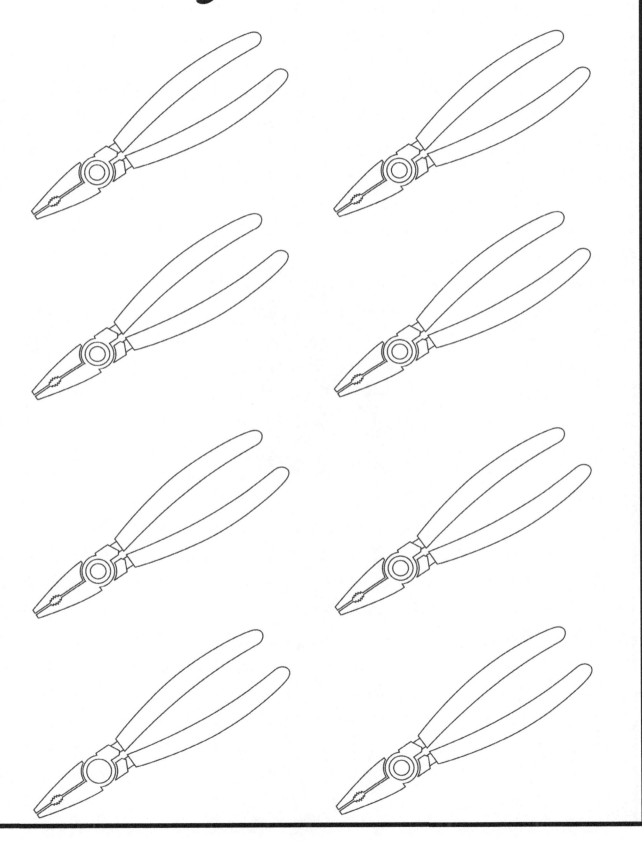

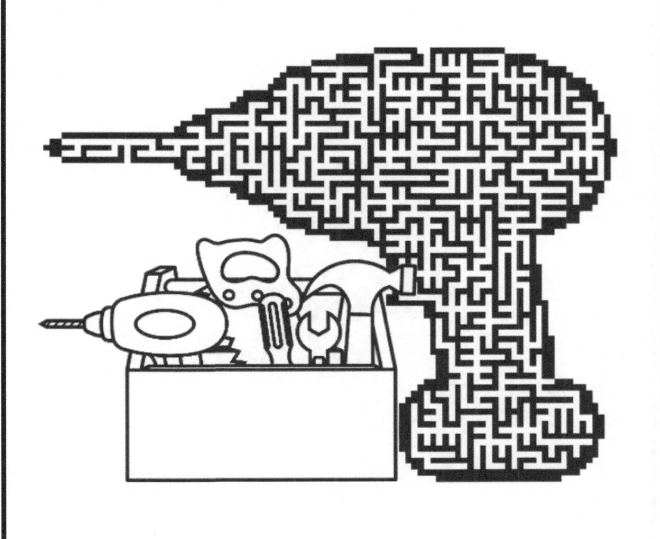

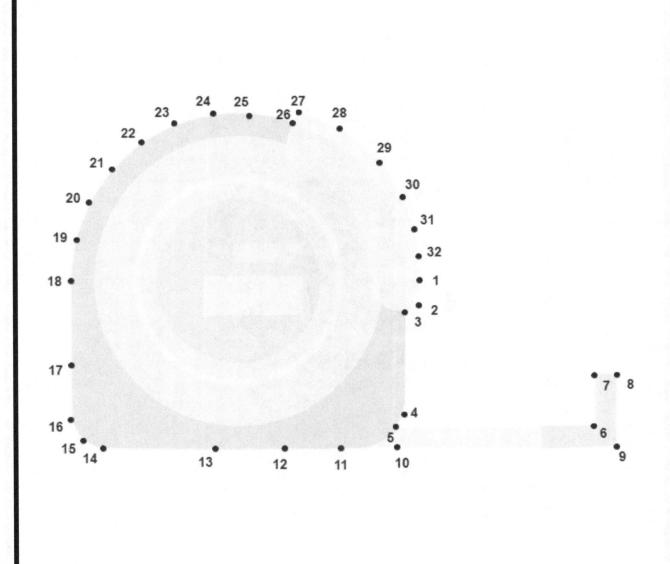

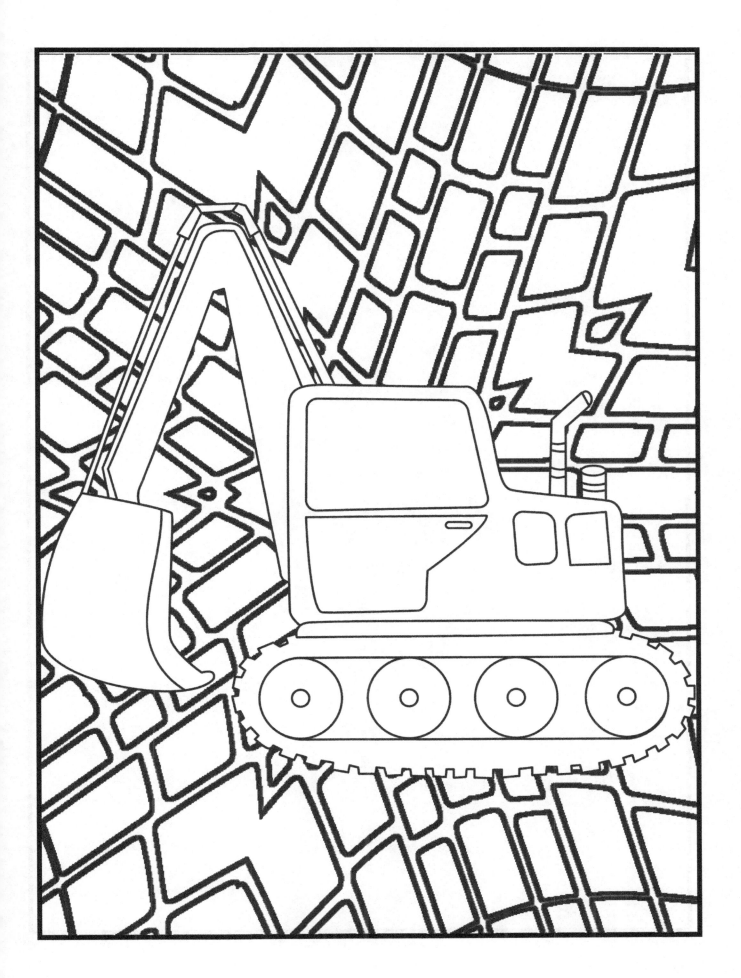

# Cut and paste the words

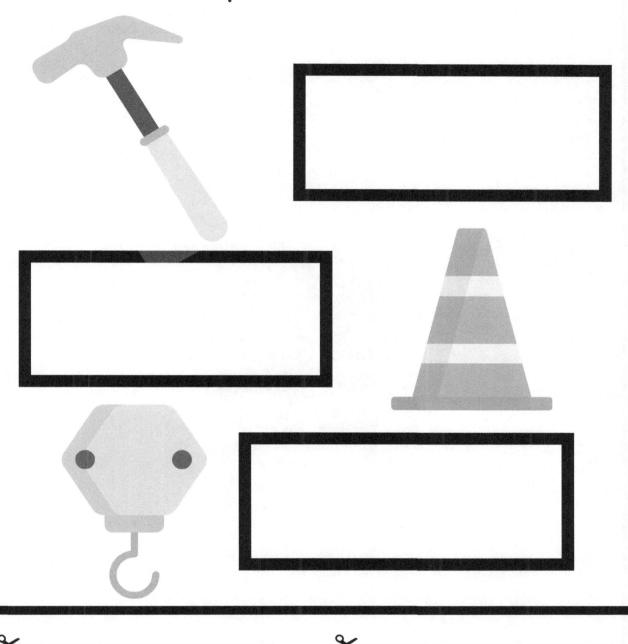

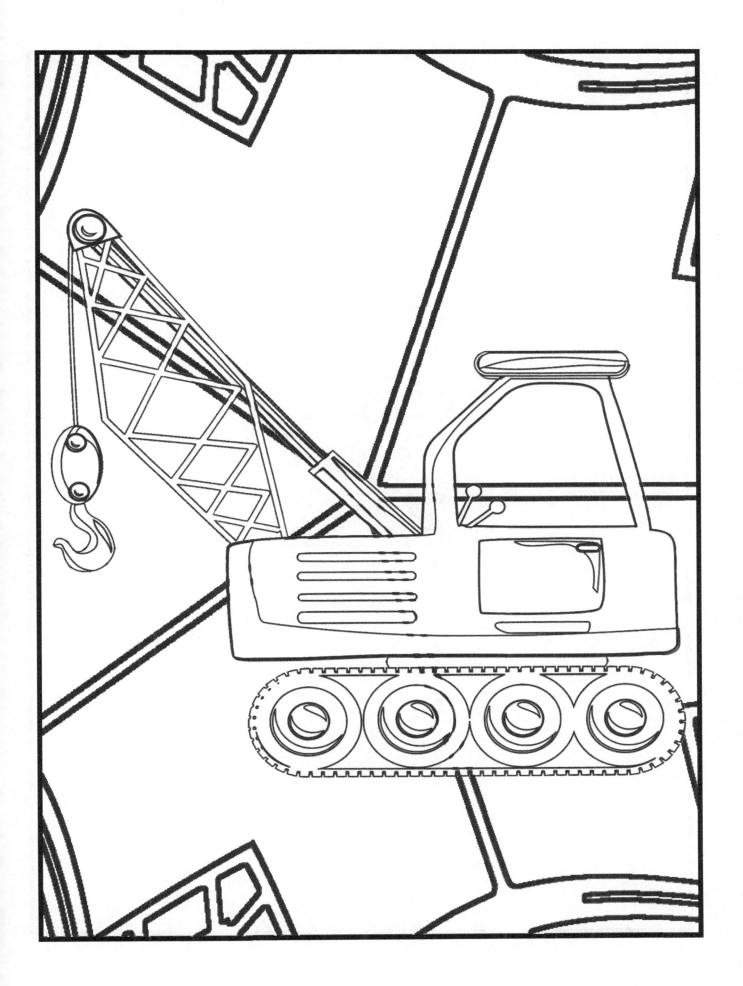

# ISPY

# How many do you see?

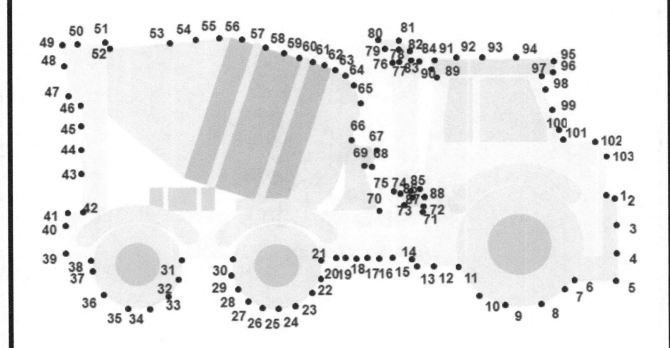

```
H Y Y X W Z O G A T P V S Q P R
D O S I W I F T M G O V S I E C
K N K P N U R A I L N F X Y H L
F G G J O J X X R L X Z A B W E
U I X B M Q C I C N J L J I Z K
V S Y K E L B O K J K R W A V C
P E V K G T E R P C V C Q E A U
G D X E O N E C I I B W J L W R
A O P J R U I R Z U N P W S Z T
E J Q D Y E B L C O V X A T S S
U K S X N P V E L N Q S L E A W
I A S Y K U K O U A O K N E Q I
T D I A O F B D P H W C H L Y J
Y C T K U F O U A Y O Y S V V B
K C O N T R A C T O R B R N C V
K G N S E W M L W P X U W D W Z
```

BRICKLAYER
TRUCK
DRY WALLING
CONTRACTOR
DESIGN
CONCRETE
STEEL

# Cut and paste the words

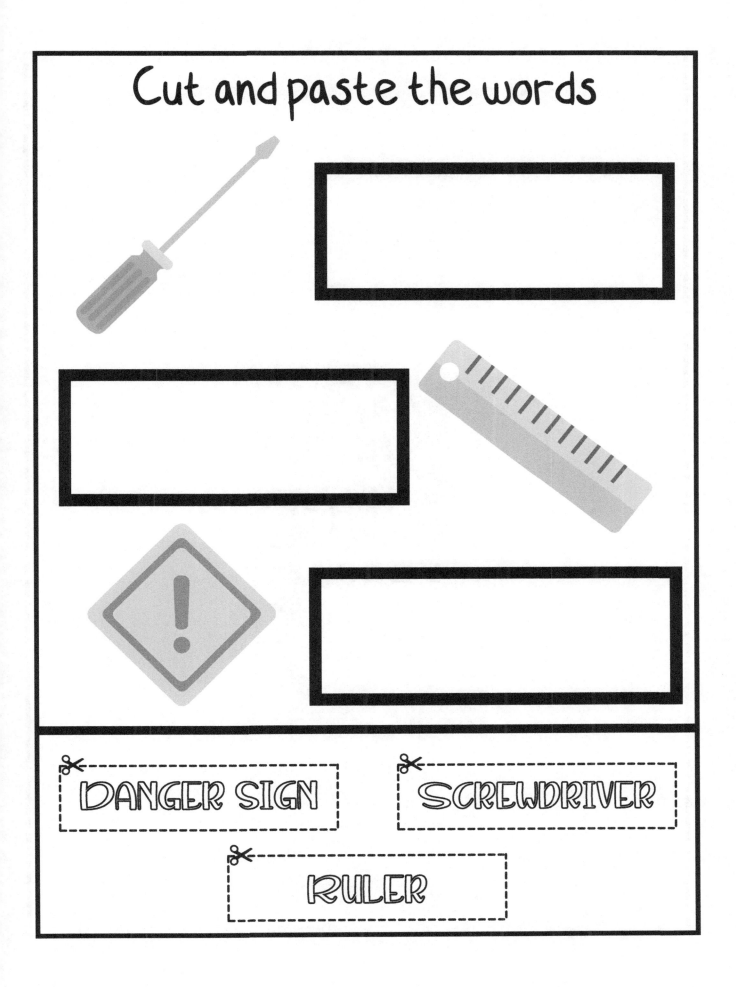

✂ DANGER SIGN

✂ SCREWDRIVER

✂ RULER

# Match the numbers

5

2

12

1

10

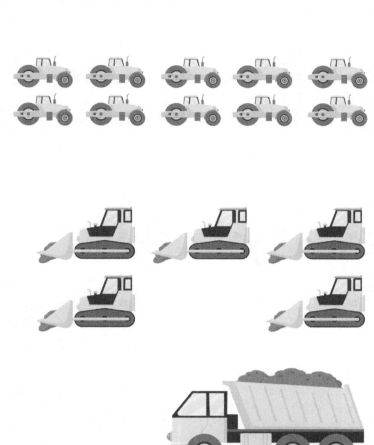

# ISPY

# How many do you see?

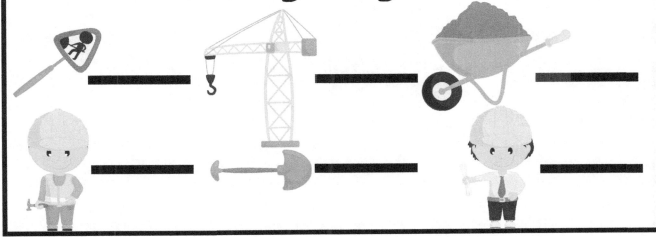

# Cut and paste the words, then color the image

# Which image is the odd one out?

```
W U K Y X X Y S C M Z R B R N Z
H M L A F N B M V Y X J N E R L
G U G M J C U Q V H Q T Y G U Y
I R R I E C B C W N S N K G Z R
E E Z U D L K Y Y S T L D I T J
N P D H S P A E I U C H E D H J
E E W M W X X G V V E U D M E V
G Z W B D F N A L T T D U Z N Z
P N P L Z B A W I S I Z J A G J
A G M L O J A J H B H C T E I B
S W K A E P N F O T C R I V D
Q T R R I F K H E H R H L E E P
K D H Y R J U Z I O A O P Z E M
Q D C R A N E J G W N K F V R P
E T I S N O I T C U R T S N O C
H Z P R O J E C T M A N A G E R
```

ARCHITECTS
SIGNBOARD
ENGINEER
DIGGER
PROJECT MANAGER
CRANE
CONSTRUCTION SITE

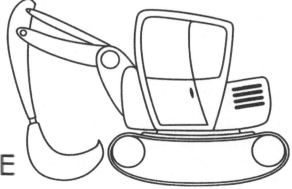

# Cut and paste the words, then color the image

TRACTOR

BARRIER

SPANNER

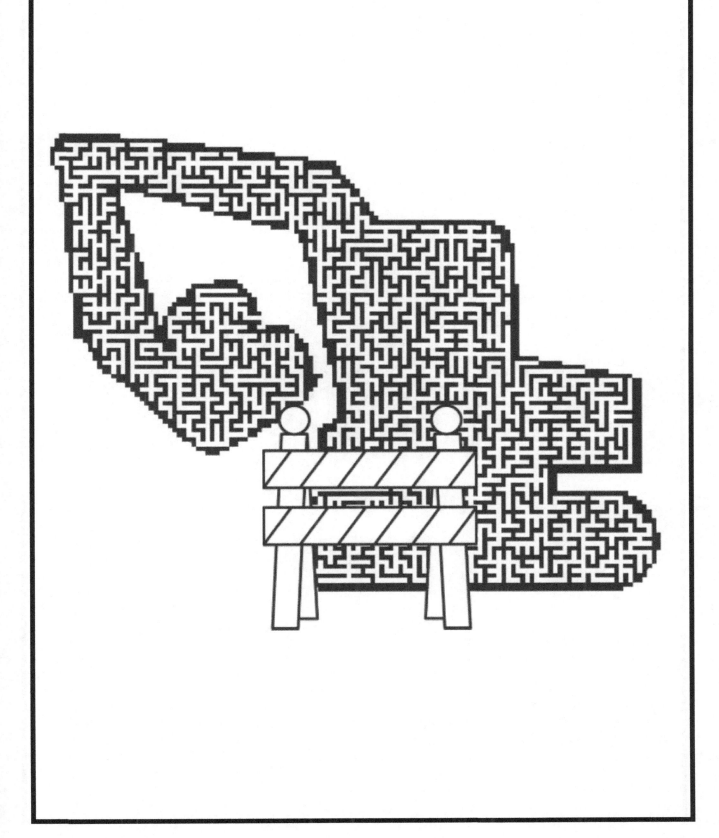

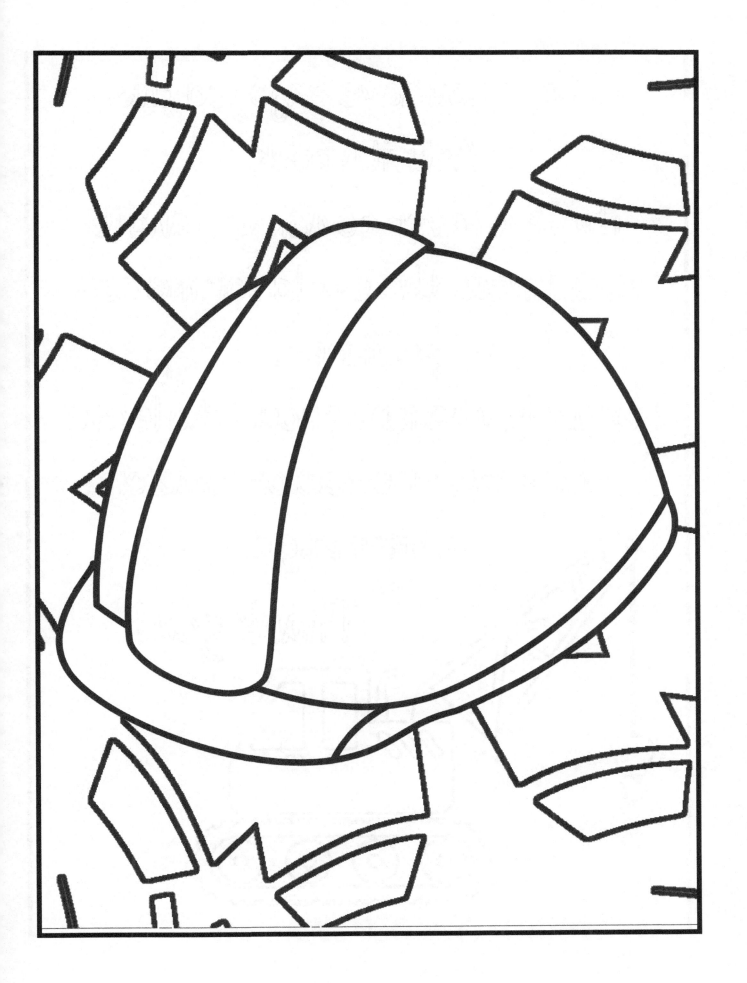

I hope you have enjoyed this
Activity book.
i have a favor to ask you and it
would mean the world for me as a
publisher.
would you be kind enough to leave
this book a review on amazon
review page.

Thank you!

SCAN ME

Hello there!
If you Have enjoyed this Activity book and want more, I have a little surprise for you.

Scan the QR code to claim your bonus!.

# MAZE
## Solutions

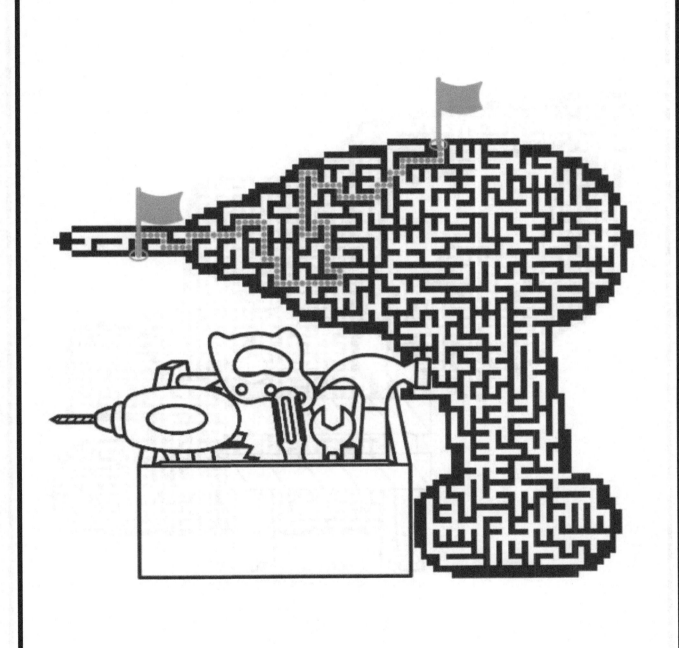

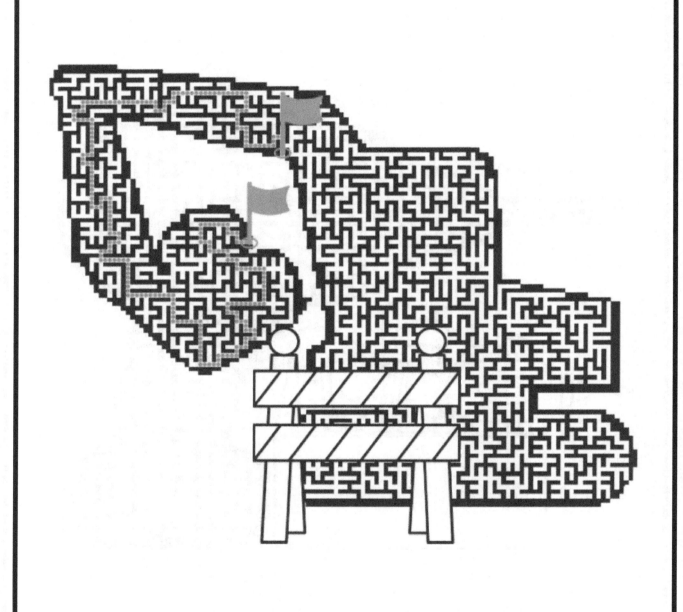

# Odd one out

# Solutions

# Which image is the odd one out?

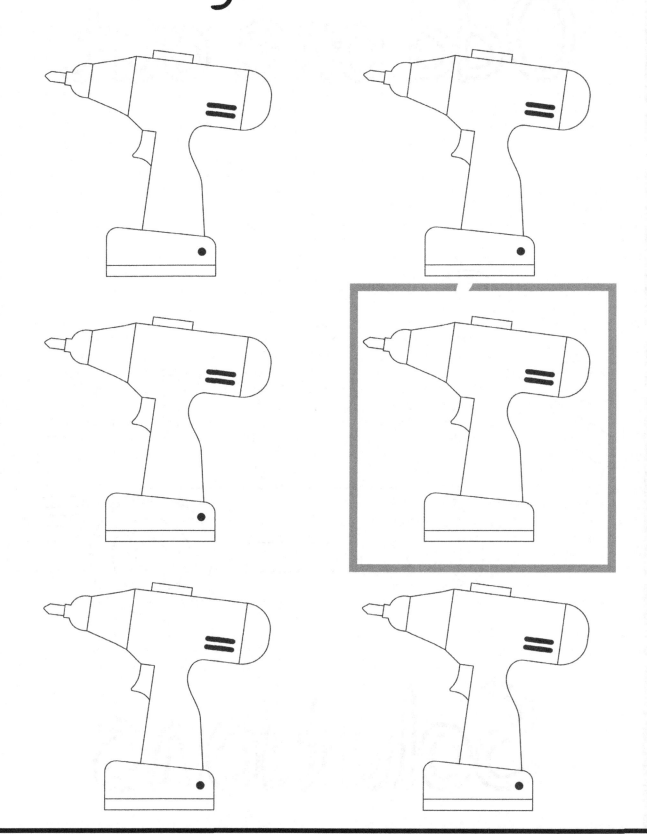

# Which image is the odd one out?

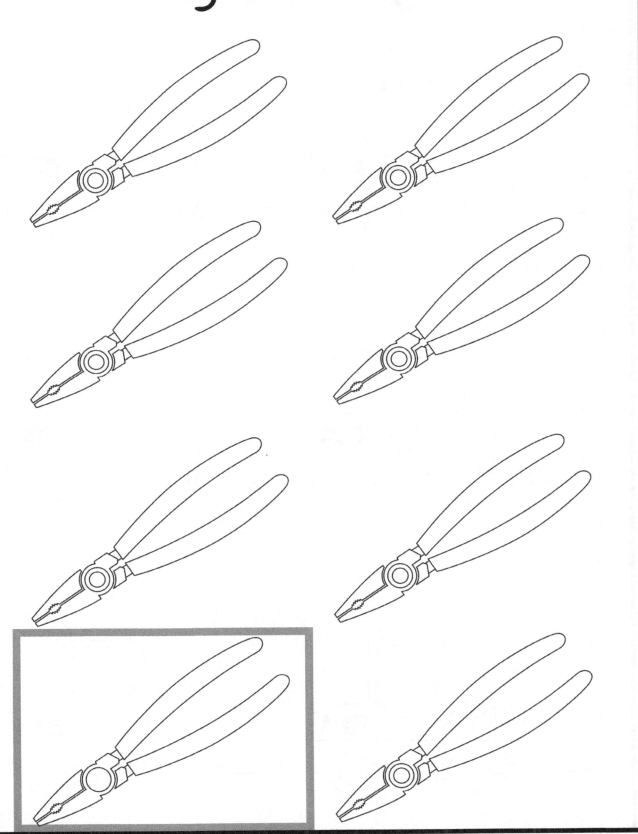

# Which image is the odd one out?

# ISPY

# Solutions

# ISPY

## How many do you see?

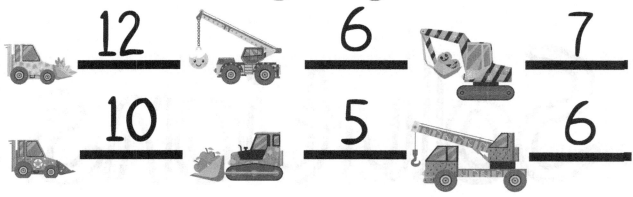

| | | |
|---|---|---|
| 12 | 6 | 7 |
| 10 | 5 | 6 |

# ISPY

## How many do you see?

| | | |
|---|---|---|
| 6 | 6 | 7 |
| 9 | 8 | 7 |

# ISPY

# How many do you see?

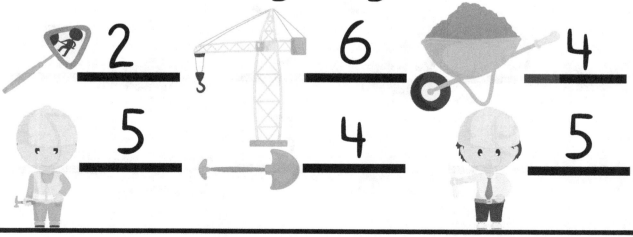

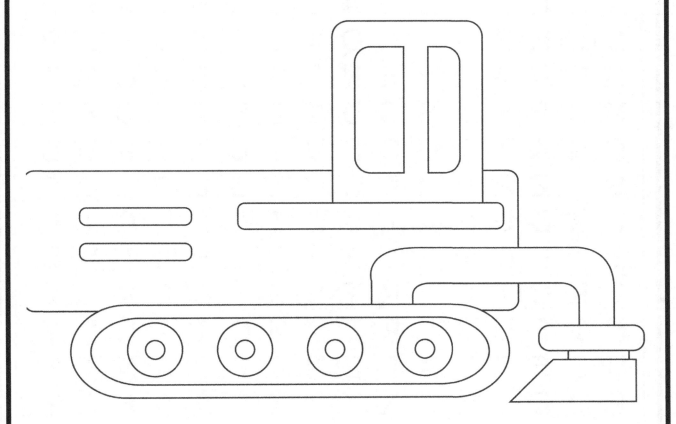

# Word Search

# Solutions

```
T H M I R C B G R A T I Q R B K
F B Y N W S G R P M O G C Y M O
J A K F H S W A D B N B Y A F P
D L H R Z R X Q N I A S S K F P
S C N A H F E N S G D B V W R T
M O F S I S S U G L H T J O F Y
C N A T I G O B V Y U T J R U U
S Y Z R P H D W U W S E Q L Q S
U X D U H A V V W I C C U C I H
I T K C M F L W M T L H W W V U
E R U T C U R T S K J D E R I V
H I F U O L R Z M H Q I I U B Y
U S F R B A F E N J F T A N T N
P Q E E K Z X Y J X O A A E G Y
J S O R N F A B R I C A T I O N
K A N C E Q V P Q F X B I G X A
```

```
J R X S R S L M Z S N V V Q C G
Y B E B R M Q S Y U T Z K L R H
A U Q D O E T M T L M V B G X C
S A M J E P N C S J H V I O Q T
U N I D U V P O U V V H M I C Q
E F C E Y C E D V R J E X W E S
X L L O H L L A A T B M O E U
X R V P M I X S O F T S K J A A
I R N X U V B L J P U I N W J S
H G K B B H R C N Z M O O D U
U Q P K B L I O Q A P E H N C A
E W K H U G D M T O K Y N R L V
N Y W F A K G P D C C X N T K A
Z X O A Q B E L M X V G R G H V
L R C F X U V E B U I L D E R S
G D H G J K E X R S E H V R H R
```

```
F T X I K P W I X C A V D A T U
I G N I N N A L P C P V K Y Z U
S C I B G I F M K C R E Z Q Z F
R G W W U V N Y J D V M H M O O
I N K J V R V L D M Z D N N X E
A W S N N Z J E F Q L S T P T N
P M E H I Y T C E T I H C R A U
E K R O O F I N G O B X R O B F
R O T N E M P O L E V E D D H J
X R Q R A S E N O D N J T L N R
K H D G I N L S E Z H O B V C M
I G C C P Z X S J Q L E X T Y Q
R O A D C O N S T R U C T I O N
J Z W Q H O Z J V H L X W W V W
Z H L C G P L H E P P T Y W H W
L O C M J M Y R E N I H C A M N
```

```
H Y Y X W Z O G A T P V S Q P R
D O S I W I F T M G O V S I E C
K N K P N U R A I L N F X Y H L
F G G J O J X X R L X Z A B W E
U I X B M Q C I C N J L J I Z K
V S Y K E L B O K J K R W A V C
P E V K G T E R P C V C Q E A U
G D X E O N E C I I B W J L W R
A O P J R U I R Z U N P W S Z T
E J Q D Y E B L C O V X A T S S
U K S X N P V E L N Q S L E A W
I A S Y K U K O U A O K N E Q I
T D I A O F B D P H W C H L Y J
Y C T K U F O U A Y O Y S V V B
K C O N T R A C T O R B R N C V
K G N S E W M L W P X U W D W Z
```

```
W U K Y X X Y S C M Z R B R N Z
H M L A F N B M V Y X J N E R L
G U G M J C U Q V H Q T Y G U Y
I R R I E C B C W N S N K G Z R
E E Z U D L K Y Y S T L D I T J
N P D H S P A E I U C H E D H J
E E W M W X X G V V E U D M E V
G Z W B D F N A L T T D U Z N Z
P N P L Z B A W I S I Z J A G J
A G M L O J A J H B H C T E I B
S W K A E P N F O T C R I V N D
Q T R R I F K H E H R H L E E P
K D H Y R J U Z I O A O P Z E M
Q D C R A N E J G W N K F V R P
E T I S N O I T C U R T S N O C
H Z P R O J E C T M A N A G E R
```

# Cut & Paste

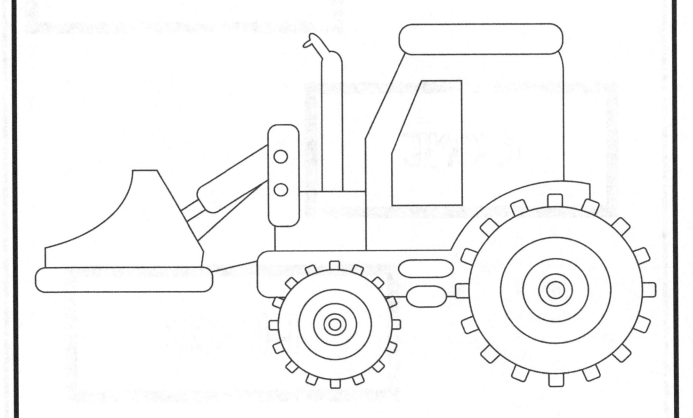

# Solutions

# Cut and paste the words

HAMMMER

CONE

HOOK

# Cut and paste the words

SCREWDRIVER

RULER

DANGER SIGN

# Cut and paste the words, then color the image

CEMENT

PAINT BRUSH

PLIERS

# Cut and paste the words, then color the image

TRACTOR

SPANNER

BARRIER

Made in the USA
Las Vegas, NV
19 June 2024

91236357R00059